Britta Kummer
Christine Erdiç

Nepomucks und Finns Backstube

Satz: Britta Kummer, Christine Erdiç
Covergestaltung: Britta Kummer, Christine Erdiç

Webseiten:
http://brittasbuecher.jimdofree.com
http://christineerdic.jimdofree.com

Illustrationen S. 5, 17, 46: Christine Erdiç
Illustration http://pixabay.com/
Fotos © privat

ISBN: 978-3-7543-7358-3

© 2021 Herstellung und Verlag:
BoD - Books on Demand, Norderstedt
www.bod.de

Bibliografische Information der Deutschen Nationalbibliothek:
Die Deutsche Nationalbibliothek verzeichnet diese
Publikation in der Deutschen Nationalbibliografie;
detaillierte bibliografische Daten sind im Internet über
http://dnb.dnb.de abrufbar.

Inhaltsverzeichnis

Vorwort

Jeder weiß, dass Nepomuck und Finn keine Kostverächter sind. Und zu Keksen, Plätzchen und Gebäck sagen sie nie NEIN. Von diesen Leckereien bekommen sie einfach nicht genug.

Und weil sie wissen, dass ihre Menschenfreunde auch eine Schwäche dafür haben, teilen sie gerne ihre Lieblingsrezepte mit ihnen. Plätzchen schmecken schließlich immer!

Und natürlich warten noch ein paar Überraschungen.

Kokos-Schoko-Plätzchen

Zutaten:
- 150 g Butter
- 100 g Zucker
- 1 Ei
- 100 g Weizenmehl
- 100 g Haferflocken
- 50 g Kokosflocken
- 1 Prise Salz
- ½ TL Backpulver
- 1 TL flüssiger Honig
- 50 g weiße Raspel-Schokolade

Zubereitung:

Butter, Zucker und Ei schaumig rühren. Nun die übrigen Zutaten zufügen und zu einem Teig verrühren.

Mit feuchten Händen walnussgroße Kugeln formen, diese etwas plattdrücken und auf ein mit Backpapier ausgelegtes Backblech geben.

Im vorgeheizten Backofen bei 180 Grad ca. 15 Minuten backen. Die Backzeit kann je nach Ofentyp etwas variieren.

Vor dem Verzehr richtig auskühlen lassen.

Quark-Marmeladen-Plätzchen

Zutaten:
- 200 g Quark
- 200 g Mehl
- 100 g Butter
- 2 EL Vanillezucker
- 1 TL Backpulver
- 200 g Kirschmarmelade
- 3 EL Puderzucker

Zubereitung:

Alle Zutaten (außer Kirschmarmelade und Puderzucker) zu einem Teig verrühren. Den Teig in Folie wickeln und 1 Stunde im Kühlschrank ruhen lassen.

Den Teig auf einer bemehlten Arbeitsfläche ca. 3 mm dick ausrollen. Nun Kreise ausstechen. In die Mitte etwas Kirschmarmelade geben und die Kreise zusammenklappen. An den Rändern gut zusammendrücken. Diese auf ein mit Backpapier ausgelegtes Backblech geben.

Im vorgeheizten Backofen bei 180 Grad ca. 20 Minuten backen. Die Backzeit kann je nach Ofentyp etwas variieren.

Abkühlen lassen und mit Puderzucker bestreuen.

Müsli-Mandel-Plätzchen

Zutaten:
- 250 g Früchte-Müsli
- 250 g gehackte Mandeln
- 150 g Zucker
- 3 Eier

Zubereitung:
Alle Zutaten zu einem Teig verrühren.

Mit zwei Teelöffeln kleine Häufchen auf ein mit Backpapier ausgelegtes Backblech geben.

Im vorgeheizten Backofen bei 200 Grad ca. 10 - 12 Minuten backen. Die Backzeit kann je nach Ofentyp etwas variieren.

Vor dem Verzehr richtig auskühlen lassen.

Apfel-Plätzchen

Zutaten:
- 2 Äpfel
- 80 g Butter
- 150 g Zucker
- 1 Ei
- 150 g Haferflocken
- 150 g Mehl
- 1 TL Backpulver

Zubereitung:
Äpfel schälen, halbieren, das Kerngehäuse entfernen und reiben. Dann zusammen mit den restlichen Zutaten zu einem Teig verrühren.

Mit zwei Teelöffeln kleine Häufchen auf ein mit Backpapier ausgelegtes Backblech geben.

Im vorgeheizten Backofen bei 200 Grad ca. 10 Minuten backen. Die Backzeit kann je nach Ofentyp etwas variieren.

Vor dem Verzehr richtig auskühlen lassen.

Pfefferminz-Plätzchen

Zutaten:
- 100 g Zucker
- 1 Ei
- 100 g Butter weich
- 200 g Mehl
- 1 TL Backpulver
- 80 g Minztäfelchen

Zubereitung:
Minztäfelchen zerkleinern. Dann zusammen mit den restlichen Zutaten zu einem Teig verrühren.

Mit zwei Teelöffeln kleine Häufchen auf ein mit Backpapier ausgelegtes Backblech geben.

Im vorgeheizten Backofen bei 180 Grad ca. 12 - 15 Minuten backen. Die Backzeit kann je nach Ofentyp etwas variieren.

Vor dem Verzehr richtig auskühlen lassen.

In der Backstube

Nepomuck und Finn, die laden Euch jetzt ein!
In der Backstube duftet es auch gar so fein!
Eier, Zucker, Mehl und noch so allerlei,
Nüsse, Mandeln, Schokolade auch dabei!
Kinder kommt, schaut nicht nur zu,
diese Kekse gelingen Euch im Nu!
Maus und Kobold backen, was der Ofen hält
und hoffen, dass es schmeckt und Euch gefällt.
Ein paar Reime und Geschichten lockern auf,
die beiden haben echt was drauf!
Spaß und Freude müssen sein,
dann bäckt sich's fast schon von allein!

Waldmeister-Plätzchen

Zutaten:
- 125 g Mehl
- 60 g brauner Zucker
- 1 Päckchen Vanillezucker
- 1 Päckchen Götterspeise (Waldmeistergeschmack)
- 75 g Margarine
- 2 EL Apfelsaft

Zubereitung:
Alle Zutaten zu einem Teig verrühren.

Den Teig ausrollen und Formen ausstechen. Diese auf ein mit Backpapier ausgelegtes Backblech geben.

Im vorgeheizten Backofen bei 200 Grad ca. 10 Minuten backen. Die Backzeit kann je nach Ofentyp etwas variieren.

Vor dem Verzehr richtig auskühlen lassen.

Sesam-Honig-Plätzchen

Zutaten:
- 100 g Sesam
- 175 g Butter
- 170 g Mehl
- 100 g flüssiger Honig
- 2 EL Vanillezucker
- 1 Prise Salz

Zubereitung:

Sesam in einer Pfanne ohne Zugabe von Fett rösten. Abkühlen lassen.

Die restlichen Zutaten zu einem Teig verrühren. Zum Schluss den Sesam unterheben.

Aus dem Teig wallnussgroße Kugeln formen, diese leicht platt drücken und auf ein mit Backpapier ausgelegtes Backblech geben.

Im vorgeheizten Backofen bei 150 Grad ca. 15 - 20 Minuten backen lassen. Die Backzeit kann je nach Ofentyp etwas variieren.

Vor dem Verzehr richtig auskühlen lassen.

Nuss-Nougat-Plätzchen

Zutaten:
- 180 g Nuss-Nougat-Creme
- 1 Ei
- 150 g Mehl
- 1 TL Backpulver
- 2 EL Puderzucker

Zubereitung:

Alle Zutaten (außer Puderzucker) zu einem Teig verrühren.

Aus dem Teig wallnussgroße Kugeln formen und auf ein mit Backpapier ausgelegtes Backblech geben.

Im vorgeheizten Backofen bei 180 Grad ca. 8 - 10 Minuten backen. Die Backzeit kann je nach Ofentyp etwas variieren.

Abkühlen lassen und mit Puderzucker bestreuen.

Blumen-Plätzchen

Zutaten:
- 250 g Mehl
- 150 g Butter
- 1 Ei
- 1 Päckchen Vanillezucker
- 150 g Puderzucker
- 1 Handvoll essbare Blüten

Zubereitung:

Alle Zutaten (außer Blüten und Puderzucker) miteinander zu einem Teig verrühren. Den Teig in Folie wickeln und 15 Minuten im Kühlschrank ruhen lassen.

Den Teig mit einem Nudelholz ausrollen und nach Belieben mit Backformen ausstechen. Diese auf ein mit Backpapier ausgelegtes Backblech geben.

Im vorgeheizten Backofen bei 170 Grad ca. 15 Minuten backen. Die Backzeit kann je nach Ofentyp etwas variieren.

Nach dem Auskühlen die Plätzchen leicht mit Wasser anfeuchten und mit Blüten und Puderzucker verzieren.

Gewürz-Plätzchen

Zutaten:
- 150 g Margarine
- 1 Ei
- 100 g brauner Zucker
- 60 ml Ahornsirup
- 280 g Mehl
- 1 TL Ingwerpulver
- 1 TL Zimtpulver
- ½ TL Nelkenpulver
- 2 TL Natron
- 100 g Vanillezucker

Zubereitung:
Alle Zutaten (außer Vanillezucker) zu einem Teig verrühren. Den Teig in Folie wickeln und für mindestens ½ Stunde im Kühlschrank ruhen lassen.

Aus dem Teig wallnussgroße Kugeln formen, diese leicht platt drücken und auf ein mit Backpapier ausgelegtes Backblech geben.

Im vorgeheizten Backofen bei 180 Grad ca. 10 Minuten backen. Die Backzeit kann je nach Ofentyp etwas variieren.

Die Plätzchen noch heiß im Vanillezucker wälzen.

Vor dem Verzehr richtig auskühlen lassen.

Wie das duftet und schmeckt

Diese Plätzchen sind ein Hit,
und vielleicht auch bald schon Dein Favorit.
Wenn im Haus der herrliche Geruch durchzieht,
bekommt man schon Appetit.
Egal ob Schoko, Vanille, Rosinen oder Nuss,
solche Köstlichkeiten sind ein Muss.

Kakao-Plätzchen

Zutaten:
- 200 g Mehl
- 140 g Zucker
- 50 g Öl
- 1 Päckchen Vanillezucker
- 1 Päckchen Backpulver
- 50 g Kakao
- 2 Eier
- 1 Prise Salz

Zubereitung:

Zucker, Kakao und Öl vermischen, dann die Eier einzeln zufügen. Mehl, Vanillezucker, Backpulver und Salz zugeben und verrühren. Den Teig in Folie wickeln und mindestens 1 Stunde im Kühlschrank ruhen lassen.

Walnussgroße Bällchen formen und in Puderzucker wälzen. Diese auf ein mit Backpapier ausgelegtes Backblech geben.

Im vorgeheizten Backofen bei 175 Grad ca. 12 Minuten backen. Die Backzeit kann je nach Ofentyp etwas variieren.

Vor dem Verzehr richtig auskühlen lassen.

Zimt-Mandel-Plätzchen

Zutaten:
- 1 Eiweiß
- 75 g Zucker
- 1 TL Zimtpulver
- 150 g gemahlene Mandeln
- 50 g Trockenobst

Zubereitung:
Das Trockenobst in kleine Würfel schneiden.

Eiweiß steif schlagen. Nach und nach Zucker sowie Zimt einrieseln lassen. Dann Mandeln und Trockenobst vorsichtig unterheben.

Aus dem Teig wallnussgroße Kugeln formen, diese leicht platt drücken und auf ein mit Backpapier ausgelegtes Backblech geben.

Im vorgeheizten Backofen bei 190 Grad ca. 20 Minuten backen. Die Backzeit kann je nach Ofentyp etwas variieren.

Vor dem Verzehr richtig auskühlen lassen.

Bananen-Kokos-Plätzchen

Zutaten:
- 2 reife Bananen
- 150 g Kokosflocken

Zubereitung:
Bananen schälen. Dann zusammen mit den Kokosflocken in einer Küchenmaschine zu einem glatten Teig verarbeiten.

Den Teig zu kleinen Kugeln formen, diese leicht platt drücken

und auf ein mit Backpapier ausgelegtes Backblech geben.

Im vorgeheizten Backofen bei 170 Grad ca. 15 Minuten backen. Die Backzeit kann je nach Ofentyp etwas variieren.

Vor dem Verzehr richtig auskühlen lassen.

Mandel-Ecken

Zutaten:
- 250 g Mandelstifte
- 100 g Butter
- 80 g brauner Zucker
- 100 g Zuckerrübensirup
- 1 Prise Salz

Zubereitung:

Butter, Zucker und Zuckerrübensirup in einem Topf erwärmen. Mandelstifte und Salz unterheben.

Masse auf ein mit Backpapier ausgelegtes Backblech streichen.

Im vorgeheizten Backofen bei 175 Grad ca. 10 Minuten backen. Die Backzeit kann je nach Ofentyp etwas variieren.

Etwas abkühlen lassen und dann in kleine Ecken schneiden.

Vor dem Verzehr richtig auskühlen lassen.

Marmeladen-Kugeln

Zutaten:
- 250 g Mehl
- 1 TL Backpulver
- 100 g Zucker
- 1 Päckchen Vanillezucker
- 1 Prise Salz
- 3 Eigelb
- 150 g Margarine
- 150 g Erdbeermarmelade
- 3 EL Puderzucker

Zubereitung:
Alle Zutaten (außer Erdbeermarmelade und Puderzucker) zu einem Teig verrühren.

Aus dem Teig wallnussgroße Kugeln formen, diese leicht platt drücken und im Puderzucker wälzen. Auf ein mit Backpapier ausgelegtes Backblech geben. In die Mitte eine Mulde drücken und diese mit Erdbeermarmelade füllen.

Im vorgeheizten Backofen bei 175 Grad ca. 15 Minuten backen. Die Backzeit kann je nach Ofentyp etwas variieren.

Vor dem Verzehr richtig auskühlen lassen.

Nepomuck bäckt

Nepomuck hat sich eine Schürze umgebunden und steht auf einem Hocker vor dem Küchentisch. Die Wangen des kleinen Kobolds glühen vor Eifer. Mutter hat ihm erlaubt, beim Kekse backen zu helfen.

„Nicht den Teig vorher schon essen, Nepomuck!", sagt sie und droht ihm scherzhaft mit dem Finger. Der Kobold wischt verstohlen seine Finger an der Schürze ab, er kann das Naschen einfach nicht lassen, der rohe Teig schmeckt viel zu gut.

Draußen regnet es Bindfäden, aber im Koboldhäuschen ist es warm und gemütlich. Nepomuck knetet eine Masse aus Mehl, Zucker und Butter und pfeift dabei fröhlich vor sich hin. Das ist noch nicht süß genug! Er greift nach der Zuckertüte und oh weh! Die Tüte kippt und der schöne Zucker ist nun über den ganzen Boden verstreut. Mutter ist gerade mit dem Backofen beschäftigt und hat nichts mitbekommen. Das ist eine günstige Gelegenheit, der kleine Mann greift schnell nach Feger und Kehrblech, um sein Missgeschick zu vertuschen.

„Nepomuck! Du willst das doch wohl nicht in die Schüssel zurückkippen!" Nepo zuckt zusammen und zieht den Kopf zwischen die Schultern. Kopfschüttelnd schaut Mutter ihn an.

„Wenn du nicht besser aufpasst, kann ich dich hier nicht gebrauchen'", sagt sie und nimmt ihrem Sohn das Kehrblech aus der Hand. Zerknirscht sieht er zu, wie der nicht mehr ganz weiße Zucker im Müll verschwindet und gelobt, sich zu bessern.

Der Mäuserich Finn beobachtet alles ganz genau von seinem sicheren Platz hinter der Mehltüte aus. Mutter muss nicht wissen, dass er heimlich mithilft, obwohl sie eigentlich immer sehr nett zu ihm ist. Aber er hat ja auch einen weiten Weg auf sich genommen, um seinen Koboldfreund hier im hohen Norden zu besuchen.

Mit seinen kleinen Backformen sticht Nepomuck die schönsten Plätzchen aus, und schon bald ist das Blech gefüllt. Mutter ist zufrieden und schiebt es in den Backofen.

„Während das jetzt bäckt, kannst du noch etwas von dem übrigen Teig mit Zimt und geraspelten Mandeln verkneten", schlägt sie vor. Nepomuck macht vor Freude einen Luftsprung. Im Regal stehen die Behälter mit den verschiedenen Gewürzen. Er holt sich einen Stuhl um heranzureichen und zieht eine rote Dose heraus. Nun noch die Mandeln.

Die sind bereits geraspelt, und frohgemut macht sich Nepomuck ans Werk. Die ersten Plätzchen sind schon fertig, Mutter zieht sie aus dem Backofen. Nepomuck knetet und trällert ein Lied vor sich hin. Plötzlich muss er heftig niesen.

„Gesundheit!", ruft Mutter und lacht. Aber Nepomuck niest und niest, es will gar nicht mehr enden.

„Ich knete die Plätzchen für dich fertig", sagt Mutter. Nach einer Weile beginnt auch sie zu niesen.

„Das ist ja seltsam." Sie runzelt die Stirn und probiert von dem Teig. „Bah, was hast du da reingetan?", ruft sie und verzieht das Gesicht. Sie greift nach der Dose.

„Pfeffer! Oh Nepomuck! Du solltest doch Zimt reintun!" Der kleine Kobold sieht sie so verzweifelt an, dass ihre Wut schnell verraucht. Ja, sie muss jetzt sogar lachen, und bald stimmt auch Nepomuck mit ein.

Nun kommen all die kleinen Geschwister angelaufen, die bisher in ihrer Ecke gespielt haben. Neugierig fragen sie, was denn geschehen ist. Mutter wischt sich vor Lachen die Tränen aus dem Gesicht. Sie schnappt nach Luft und Nepomuck verkündet stolz:

„Ich backe leckere Pfefferkekse! Wer möchte mal probieren?" Aber niemand meldet sich.

„Da musst du nun wohl neue Kekse kneten." Mutter stellt die braune Zimtdose auf den Tisch und Nepomuck sieht mit Bedauern zu, wie die schönen Pfefferkekse in den Müll wandern. Irgendwie versteht er nicht, warum man die nicht essen kann, Pfefferkuchen schmeckt doch auch.

Zu den Zimt- und Mandelkeksen kommen noch Ingwerkekse hinzu und Nepomuck kommt mit immer neuen Vorschlägen.

„Für heute ist es genug", sagt Mutter schließlich und schiebt das letzte Blech in den Backofen. Jetzt merkt Nepomuck erst, wie kaputt er ist. Aber die Küche muss auch noch aufgeräumt werden und dabei verbrennen fast die Ingwerkekse. Es ist Finn, der es noch rechtzeitig bemerkt, und darauf ist der Mäuserich richtig stolz.

Natürlich müssen alle erst von den Keksen probieren und dann stellen sie einstimmig fest, dass sie diesmal besonders lecker geworden sind. Der kleine Bäcker strahlt über das ganze Gesicht, und Mutter fährt ihm anerkennend mit der Hand durch sein widerborstiges schwarzes Haar. Finn bekommt natürlich auch einen Keks und tanzt vor Freude auf dem Tisch. Als Nepomuck und Finn später im Bett liegen, stellen sie fest, dass das doch ein schöner Tag war und schlafen zufrieden ein. Natürlich träumen sie von vielen bunten Keksen und schmatzen dabei leise vor sich hin.

Haferflocken-Plätzchen

Zutaten:
- 120 g Butter
- 240 g Haferflocken
- 2 EL Zucker
- 2 EL Ahornsirup
- 2 Eier
- 100 g Mehl
- 2 TL Backpulver
- 1 Prise Salz

Zubereitung:
Butter in einer Pfanne schmelzen und die Haferflocken sowie Zucker unter ständigem Rühren darin anrösten. Herausnehmen und abkühlen lassen.

Ahornsirup, Eier und Salz schaumig rühren. Mehl und Backpulver mit den Haferflocken mischen und unter die Eimasse geben.

Mit zwei Teelöffeln kleine Häufchen auf ein mit Backpapier ausgelegtes Backblech geben.

Im vorgeheizten Backofen bei 170 Grad ca. 10 Minuten backen, bis die Plätzchen goldbraun sind. Die Backzeit kann je nach Ofentyp etwas variieren.

Vor dem Verzehr richtig auskühlen lassen.

Walnuss-Schoko-Plätzchen

Zutaten:
- 130 g Mehl
- 2 EL gehackte Walnüsse
- ½ Päckchen Backpulver
- 80 g Margarine
- 2 - 3 EL flüssiger Honig
- 30 g Zartbitterschokolade

Zubereitung:

Alle Zutaten (außer Zartbitterschokolade) zu einem Teig verrühren. Den Teig in Folie wickeln und mindestens ½ Stunde im Kühlschrank ruhen lassen.

Den Teig noch einmal kurz durchkneten, zu einer Rolle formen, jeweils ca. 1 cm dicke Scheiben abschneiden und diese etwas platt drücken. Auf ein mit Backpapier ausgelegtes Backblech geben.

Im vorgeheizten Ofen bei 200 Grad ca. 10 Minuten backen. Die Backzeit kann je nach Ofentyp etwas variieren.

In der Zwischenzeit die Schokolade im Wasserbad schmelzen. Plätzchen noch warm mit der Schokolade bestreichen.

Vor dem Verzehr richtig auskühlen lassen.

Bananen-Plätzchen

Zutaten:
- 1 weiche Banane
- 100 g Butter
- 200 g Vollkornmehl
- 1 TL Vanillezucker

Zubereitung:

Banane schälen und mit einer Gabel zerdrücken. Dann mit den übrigen Zutaten verrühren. Den Teig in Folie wickeln und für 30 Minuten im Kühlschrank ruhen lassen.

Den Teig 1 cm dick ausrollen, Formen ausstechen und auf ein mit Backpapier ausgelegtes Backblech geben.

Im vorgeheizten Backofen bei 180 Grad ca. 15 Minuten backen. Die Backzeit kann je nach Ofentyp etwas variieren.

Vor dem Verzehr richtig auskühlen lassen.

Nuss-Plätzchen

Zutaten:
- 150 g Zucker
- 200 g gemahlene Nüsse
- 2 Eiweiß
- 2 EL flüssiger Honig
- 1 EL Mehl
- 1 TL Speisestärke
- 1 TL Limettensaft
- 3 EL Puderzucker
- 1 Prise Salz

Zubereitung:
Eiweiß mit Salz und Limettensaft steif schlagen. Dann die gemahlenen Nüsse, Honig, Zucker, Mehl und Speisestärke untermengen.

Mit feuchten Händen walnussgroße Kugeln formen, diese etwas platt drücken und auf ein mit Backpapier ausgelegtes Backblech geben.

Mit Puderzucker bestreuen und ca. 4 - 5 Stunden antrocknen lassen.

Im vorgeheizten Backofen bei 100 Grad ca. 50 Minuten backen. Die Backzeit kann je nach Ofentyp etwas variieren.

Vor dem Verzehr richtig auskühlen lassen.

Cranberrie-Schoko-Plätzchen

Zutaten:
- 150 g Margarine
- 1 Ei
- 100 ml Cranberrienektar
- 140 g Weizenvollkornmehl
- 160 g Mehl
- 1 EL gehackte Mandeln
- 100 g Schokoladenstreusel
- 90 g Puderzucker
- 1 EL Ahornsirup
- 1 Prise Salz

Zubereitung:
Alle Zutaten zu einem Teig verrühren. Den Teig in Folie wickeln und etwas 1 Stunde im Kühlschrank ruhen lassen.

Teig dünn ausrollen, Formen ausstechen und auf ein mit Backpapier ausgelegtes Backblech geben.

Im vorgeheizten Backofen bei 175 Grad ca. 15 Minuten backen. Die Backzeit kann je nach Ofentyp etwas variieren.

Vor dem Verzehr richtig auskühlen lassen.

Da kann man nicht widerstehen

Ein Blech mit Plätzchen stand zum Abkühlen auf der
Fensterbank,

als plötzlich kleine Hände machten die Finger lang.

Sicher kannst Du den Dieb verstehen,

wie sollte er solchen Köstlichkeiten widerstehen.

Bei seinem Komplizen, der Schmiere stand,

sich auch schon ein Knurren im Magen befand.

Dann schnell alle Kekse in der Hosentasche verstaut,

und nichts wie weg, bevor der Bäcker noch aus dem Fenster
schaut.

Böse darf man ihnen nicht sein,

auch wenn man weiß, stehlen ist nicht fein.

Schließlich zieht der Duft von Plätzchen jeden in den Bann,

sodass weder ein Kobold noch ein Mäuserich NEIN sagen
kann.

Haselnuss-Zitronen-Plätzchen

Zutaten:
- 100 g Zucker
- 100 g Butter
- 50 g Joghurt
- 2 Eier
- 200 g gemahlene Haselnüsse
- 200 g Mehl
- 1 T Backpulver
- 1 Fläschchen Zitronenaroma

Zubereitung:
Alle Zutaten zu einem Teig verrühren.

Mit zwei Teelöffeln kleine Häufchen auf ein mit Backpapier ausgelegtes Backblech geben.

Im vorgeheizten Backofen bei 175 Grad ca. 10 - 15 Minuten backen. Die Backzeit kann je nach Ofentyp etwas variieren.

Vor dem Verzehr richtig auskühlen lassen.

Süße Möhren-Ecken

Zutaten:
- 2 große Möhren
- 2 EL Zucker
- 1 EL flüssiger Honig
- 100 g Butter
- 200 g Mehl
- 1 Ei

Zubereitung:
Möhren schälen und fein raspeln.

Die restlichen Zutaten zu einem Teig verrühren. Dann die Möhrenraspeln unterheben.

Den Teig etwa 3 cm dick auf ein mit Backpapier ausgelegtes Backblech streichen.

Im vorgeheizten Backofen bei 200 Grad ca. 12 - 15 Minuten backen. Die Backzeit kann je nach Ofentyp etwas variieren.

Etwas abkühlen lassen und dann in kleine Ecken schneiden.

Vor dem Verzehr richtig auskühlen lassen.

Rosinen-Schoko-Würfel

Zutaten:
- 250 g Walnüsse
- 50 g Rosinen
- 125 g Mehl
- 125 g Puderzucker
- 25 g Kakaopulver
- 150 g Zartbitterkuvertüre
- 200 g Vollmilchkuvertüre
- 1 TL Lebkuchengewürz
- 150 g Butter
- 2 EL flüssiger Honig
- 2 Eier

Zubereitung:

Walnüsse, Rosinen, Mehl, Puderzucker, Kakaopulver und Lebkuchengewürz mischen.

Zartbitterkuvertüre mit der Butter schmelzen. Honig unter die Schokoladen-Butter ziehen. Dann die Eier zufügen. Mehlmischung vorsichtig unterheben.

Ein Backblech zur Hälfte mit Alufolie auslegen und einen Rand hochziehen. Nun die Masse darauf streichen.

Im vorgeheizten Backofen bei 175 Grad ca. 20 - 25 Minuten backen. Die Backzeit kann je nach Ofentyp etwas variieren.

Vollmilchkuvertüre schmelzen und den etwas abgekühlten Teig damit bestreichen. Wenn die Kuvertüre getrocknet ist, in Würfel schneiden.

Mohn-Plätzchen

Zutaten:
- 200 g Mehl
- 75 g Zucker
- 50 g Mohn
- 150 g Marzipan
- 100 g Margarine
- 20 ml Vanillemilch
- 200 g Aprikosenmarmelade

Zubereitung:
Alle Zutaten (außer der Aprikosenmarmelade) zu einem Teig verrühren.

Mit zwei Teelöffeln kleine Häufchen auf ein mit Backpapier ausgelegtes Backblech geben. In die Mitte eine Mulde drücken und diese mit Aprikosenmarmelade füllen.

Im vorgeheizten Backofen bei 180 Grad ca. 12 - 15 Minuten backen. Die Backzeit kann je nach Ofentyp etwas variieren.

Vor dem Verzehr richtig auskühlen lassen.

Vanillesterne

Zutaten:
- 300 g Mehl
- 100 g Puderzucker
- 200 g Butter
- 2 EL gemahlene Mandeln
- 2 EL gemahlene Haselnüsse
- 2 Eier
- 1 Prise Salz
- 2 Päckchen Vanillezucker
- 2 Vanilleschoten
- 2 EL Puderzucker

Zubereitung:
Vanilleschoten längs aufschneiden und das Mark herauskratzen. Mit den restlichen Zutaten (außer 2 EL Puderzucker) zu einem Teig verrühren. Den Teig in Folie wickeln und mindestens 2 Stunden im Kühlschrank ruhen lassen.

Den Teig noch einmal kurz durchkneten, ausrollen, Sterne ausstechen und auf ein mit Backpapier ausgelegtes Backblech geben.

Im vorgeheizten Backofen bei 190 Grad ca. 10 - 12 Minuten backen. Die Backzeit kann je nach Ofentyp etwas variieren.

Abkühlen lassen und mit Puderzucker bestreuen.

Chaos in der Backstube

„So, fertig!" Aufatmend setzt Nepomuck Finn die kunstvoll gefertigte Bäckerhaube aus weißem Papier auf den kleinen Kopf. „Sieht sicher schick aus. Und damit kann ich auch keine Haare aus meinem seidigen Fell im Keksteig verlieren", strahlt der Mäuserich.

Nepomuck schaut ihn zweifelnd an. „Naja, du hast Fell am ganzen Körper, eigentlich sollte ich dich in ein Kapuzengewand stecken", lacht er. Der Kobold hat ebenfalls ein Häubchen auf dem Kopf. Sie sind eben richtige Bäcker, da braucht man sowas.

Ein kleines Brett liegt auf dem Tisch, eine Tüte mit Mehl und eine mit Zucker.

„Was brauchen wir noch?", fragt Finn.

Nepomuck überlegt. „Butter!", ruft er dann.

Nun wird eifrig geknetet, doch der Teig klebt an Nepomucks Händen – war es doch zu viel Butter? - und Finns Pfötchen sind viel zu klein, um diese Massen zu bewältigen.

„Nimm doch weniger Teig", rät der Kobold. Und wirklich, bald hat Finn schöne kleine Plätzchen geformt.

Nepomuck gibt noch Mehl zu seinem Teig hinzu und bekommt ihn nun endlich von den Händen los.

„Sollen wir nicht noch etwas hineingeben", fragt der Mäuserich.

Sein Freund probiert den rohen Teig. Ja, da fehlt irgendwas!

„Zimt? Oder lieber Pfeffer?", neckt Finn ihn. Nepomuck läuft rot an. Erst neulich hat er ein ganzes Blech Plätzchen verdorben, weil er statt Zimt Pfeffer in den Teig gab.

„Vielleicht lieber gehackte Mandeln oder Nüsse", schlägt er vor. Die stehen in einem Gefäß ganz oben im Regal. Mit einem Satz ist Finn oben. „Soll ich dir welche runterwerfen?"

Zweifelnd schaut der Kobold hoch. Schon einmal hat er bei seinen Kletterversuchen das Regal umgekippt und mächtig Ärger deshalb bekommen.

„Also gut", entscheidet er. Finn klettert in die Schale mit den Walnüssen und wirft eine nach der anderen hinunter. Nepomuck versucht, sie zu fangen und fegt dabei mit dem Ellenbogen die restliche Butter vom Tisch.

Atemlos klettert sein Kamerad zu Boden. Die Nüsse waren doch recht schwer.

„Nun müssen wir sie nur noch öffnen und zerkleinern!" Nepomuck greift zu einem Stein, und mit viel Krach wird die Nuss von ihrer Schale befreit. Angelockt durch den Lärm eilen nun auch die anderen Koboldkinder herbei und tanzen ausgelassen durch die Küche. Dabei gleitet Norbert auf der Butter aus und schlägt sich das Knie auf. Überall liegen die Nüsse auf dem Boden verteilt und Nellie, die kleinste macht sich über Finns rohe Kekse her. Kurze Zeit später klagt sie über Bauchschmerzen. Derweil versucht Norbert die Blutung an seinem Knie zu stillen. Kurzerhand benutzt er dazu Mutters Schürze, die in der Ecke am Haken hängt. Drei der Geschwister balgen sich, der Rest versucht das Chaos durch Gesang zu übertönen.

Da steht plötzlich Mutter in der Tür.

„Was ist denn hier los?!" Finn hat längst das Weite gesucht und beobachtet das Geschehen vom sicheren Regal aus, das aber bereits bedenklich wackelt.

Nepomuck schaut sie zerknirscht an.

„Wir wollten doch backen."

„Das sehe ich!" Mit geübten Griffen bringt die rundliche Koboldmama Ordnung ins Chaos. Norberts Bein wird verbunden, die Streithähne voneinander getrennt, Nellie getröstet und mit bitterer Medizin ins Bett verfrachtet.

Gemeinsam wird jetzt die Küche aufgeräumt. Danach kommt auch Finn heruntergeklettert und arbeitet kleine Nussstücke in seinen Teig ein.

„Nun bin ich aber gespannt, wie eure Kekse schmecken", schmunzelt Mutter und schiebt das Blech in den Backofen.

Aber noch ist es nicht so weit! 15 Minuten müssen die Plätzchen backen und dann auskühlen. Der vorwitzige Nepomuck verbrennt sich natürlich die Zunge.

„Die sind richtig lecker", lispelt er und verzieht schmerzhaft das Gesicht. Alle sind sich da einig: Das Backwerk ist gelungen, wenn auch mit einigen Hindernissen.

Finn ist das Häubchen vom Kopf gerutscht. Er knabbert genussvoll an seinem Keks und Mutter beugt sich hinunter und fährt ihm vorsichtig mit der Hand über das Fell. Mit seinen klugen dunklen Augen sieht er sie an und zwinkert ihr zu. Nun weiß er wirklich, dass er hier willkommen ist.

Zimtsterne

Zutaten:
- 5 Eiweiß
- 450 g Puderzucker
- 2 TL Zimtpulver
- 1 EL Zitronensaft
- 500 g gemahlene Mandeln

Zubereitung:
Eiweiße mit Puderzucker steif schlagen. Dann den Zimt und Zitronensaft vorsichtig unterheben. Ca. 8 EL davon für den Guss abnehmen und beiseite stellen.

Die gemahlenen Mandeln unter die restliche Puderzucker-Ei-Masse rühren. Den Teig in Folie wickeln und etwa 1 - 2 Stunden im Kühlschrank ruhen lassen.

Dann zwischen Backpapier ca. 1 cm dick ausrollen, Sterne ausstechen und mit der Eischneeglasur überziehen. Über Nacht trocknen lassen.

Am nächsten Tag den Backofen auf 200 Grad vorheizen und die Sterne auf ein mit Backpapier ausgelegtes Backblech ca. 5 - 8 Minuten backen. Sie sollten innen weich sein und die Oberfläche weiß bleiben. Die Backzeit kann je nach Ofentyp etwas variieren.

Vor dem Verzehr richtig auskühlen lassen.

Aprikosen-Anis-Taler

Zutaten:
- 100 g getrocknete Aprikosen
- 225 g Butter
- 140 g Zucker
- 1 Eigelb
- 1 Fläschchen Butter Vanille Aroma
- 250 g Mehl
- 1 Prise Salz
- 100 g Puderzucker
- 1 TL gemahlenen Anis

Zubereitung:

Getrocknete Aprikosen klein schneiden. Dann zusammen mit den übrigen Zutaten zu einem Teig verrühren.

Den Teig zu einer Rolle formen, in Folie wickeln und etwa 45 Minuten im Kühlschrank ruhen lassen.

Den Teig in 5 mm dicke Scheiben schneiden und auf ein mit Backpapier ausgelegtes Backblech geben.

Im vorgeheizten Backofen bei 150 Grad ca. 10 - 15 Minuten backen. Die Backzeit kann je nach Ofentyp etwas variieren.

Vor dem Verzehr richtig auskühlen lassen.

Mandel-Taler

Zutaten für den Teig:
- 100 g feine Haferflocken
- 25 g Butter
- 300 g Mehl
- 2 Päckchen Vanillezucker
- 180 g Butter
- 140 g Zucker
- 1 Ei

Zutaten für die Füllung:
- 125 g gemahlene Mandeln
- 3 EL Speisestärke
- 1 Eigelb
- 70 g Zucker
- 150 g Butter
- ¼ Liter Milch
- 100 g Puderzucker

Zubereitung:
Haferflocken in der Butter anrösten. Dann mit den übrigen Zutaten für den Teig zu einer glatten Masse verrühren.

Den Teig zwischen 2 Stücken Frischhaltefolie ausrollen und mit einem Glas Taler ausstechen. Auf ein mit Backpapier ausgelegtes Backblech geben.

Im vorgeheizten Backofen bei 200 Grad auf der mittleren Schiene ca.10 Minuten backen, bis die Taler goldbraun sind. Die Backzeit kann je nach Ofentyp etwas variieren.

Abkühlen lassen.

Speisestärke und Eigelb in etwas Milch anrühren. Die restliche Milch mit Zucker aufkochen und die angerührte Speisestärke dazugeben, unter Rühren nochmals aufkochen lassen.

Butter schaumig schlagen und die erkaltete Creme und die Mandeln unterrühren.

Die Hälfte der Taler mit der Masse bestreichen und die übrigen Taler als Deckel mit einem Guss aus 200 g in heißem Wasser aufgelöstem Puderzucker verzieren.

Orangen-Schoko-Plätzchen

Zutaten:
- 150 g Margarine
- 1 Ei
- 100 ml Orangensaft
- 140 g Weizenvollkornmehl
- 160 g Mehl
- 1 EL gehackte Mandeln
- 100 (lz) g Schokoladenstreusel
- 90 g Puderzucker
- 1 Prise Salz

Zubereitung:
Puderzucker, Salz und Margarine cremig rühren. Ei, Orangensaft, Weizenvollkornmehl, Mehl, Mandeln sowie Schokoladenstreusel zufügen und zu einem Teig verrühren. Den Teig in Folie wickeln und 1 Stunde im Kühlschrank ruhen lassen.

Den Teig dünn ausrollen, Formen ausstechen und auf ein mit Backpapier ausgelegtes Backblech geben.

Im vorgeheizten Backofen bei 175 Grad ca. 15 Minuten backen. Die Backzeit kann je nach Ofentyp etwas variieren.

Vor dem Verzehr richtig auskühlen lassen.

Honig-Zimt-Riegel

Zutaten:
- 120 g Mehl
- 300 g Haferflocken
- 2 - 3 TL Zimtpulver
- 200 g flüssiger Honig
- 120 g Apfelmus
- 100 g Rosinen
- 3 EL Sonnenblumenkerne

Zubereitung:
Mehl, Haferflocken und Zimt vermischen. Honig und Apfelmus zugeben und gut miteinander vermengen. Rosinen und Sonnenblumenkerne unterheben.

Teig auf ein mit Backpapier ausgelegtes Backblech streichen.

Im vorgeheizten Backofen bei 175 Grad ca. 20 Minuten backen. Die Backzeit kann je nach Ofentyp etwas variieren.

Nach dem Abkühlen in Streifen schneiden.

Welch ein Genuss

Welch herrlicher Geruch weht da durchs Haus,

da knurrt gleich das Bäuchlein der Maus.

und auch des Kobolds Interesse ist geweckt,

er fragt sich, wo sind nur diese Köstlichkeiten versteckt?

Doch schnell wird gefunden was man begehrt,

und vor lauter Freude gegrinst wie ein Honigkuchenpferd.

Und dann oh Schreck,

sind die leckeren Kekse ruck zuck verputzt und alle weg.

Joghurt-Pistazien-Plätzchen

Zutaten:
- 450 g Mehl
- 200 g Joghurt
- 100 ml Butter
- 1 Päckchen Backpulver
- 1 Päckchen Vanillezucker
- 2 Eier
- 7 EL Zucker
- 150 g gehackte Pistazien
- 100 g Puderzucker

Zubereitung:
Eier, Butter, Zucker und Joghurt vermengen. Backpulver, Vanillezucker und Mehl nach und nach zugeben und zu einem Teig verrühren. Sollte der Teig zu flüssig sein, noch etwas Mehl zufügen. Dann die Pistazien unterheben.

Aus dem Teig wallnussgroße Kugeln formen, diese leicht platt drücken und auf ein mit Backpapier ausgelegtes Backblech geben.

Im vorgeheizten Backofen bei 200 Grad ca. 20 - 25 Minuten backen. Die Backzeit kann je nach Ofentyp etwas variieren.

Etwas abkühlen lassen und mit Puderzucker bestreuen.

Vor dem Verzehr richtig auskühlen lassen.

Vanillehörnchen

Zutaten für den Teig:
- 300 g Mehl
- 120 g Zucker
- 1 Päckchen Vanillezucker
- 3 Eigelb
- 125 g geriebene Mandeln
- 250 g Margarine
- 1 TL flüssiger Honig

Zutaten zum Bestreuen:
- 2 Päckchen Vanillezucker

Zubereitung:
Zutaten für den Teig verrühren. Den Teig in Folie wickeln und 1 Stunde im Kühlschrank ruhen lassen.

Aus dem Teig kleine Hörnchen formen und auf ein mit Backpapier ausgelegtes Backblech geben.

Im vorgeheizten Backofen bei 190 Grad ca. 10 - 15 Minuten backen. Die Backzeit kann je nach Ofentyp etwas variieren.

Die Hörnchen noch heiß im Vanillezucker wälzen.

Vor dem Verzehr richtig auskühlen lassen.

Bunte Koboldstifte

Zutaten:
- 250 g Mehl
- 50 g Zucker
- ⅛ Liter Milch
- 25 g Margarine
- 1 Päckchen Trockenhefe
- 1 Eigelb
- Bunter Zuckerguss

Zubereitung:
Mehl mit Trockenhefe vermischen und mit Milch, Margarine und Zucker zu einem glatten Teig verrühren. Etwa eine Stunde an einem warmen Ort gehen lassen.

Dann den Teig durchkneten und etwa 16 cm lange, an einem Ende spitz zulaufende Röllchen formen. Auf ein mit Backpapier ausgelegtes Backblech geben und mit Eigelb bepinseln.

Im vorgeheizten Backofen bei 175 Grad ca. 15 Minuten backen. Die Backzeit kann je nach Ofentyp etwas variieren.

Nach dem Auskühlen mit dem Zuckerguss verzieren und die Spitzen der Stifte einfärben.

Bunte Koboldkugeln

Zutaten:
- 350 g Mehl
- 350 g Butter
- 350 g Zucker
- 6 Eier
- 1 Päckchen Vanillezucker
- 1 Päckchen Backpulver
- 1 EL Zitronensaft
- 200 g Philadelphia
- 1 Becher Schmand
- 200 g Vollmilchschokolade
- 200 g weiße Schokolade
- bunte Zuckerstreusel
- Kokosraspeln
- Schaschlik Spieße

Zubereitung:

Butter, Zucker, Mehl, Eier, Vanillezucker, Backpulver und Zitronensaft zu einem Teig verrühren. Auf ein mit Backpapier ausgelegtes Backblech streichen.

Im vorgeheizten Backofen bei 175 Grad ca. 20 Minuten backen. Die Backzeit kann je nach Ofentyp etwas variieren.

Den Blechkuchen auskühlen lassen und ganz fein in eine Schüssel krümeln. Philadelphia und Schmand unter die Kuchenkrümel kneten, bis eine feste Masse entsteht.

Den Teig in der Hand zu 25 g schweren Kugeln rollen und über Nacht im Kühlschrank aufbewahren.

Die Schokolade schmelzen. Die Spitzen der Schaschlik Spieße in die Mitte der Kugeln stecken. Dann die aufgespießten Kugeln mit der Schokolade überziehen und mit Zuckerstreuseln und Kokosraspeln verzieren.

Die Kugeln abtropfen lassen, auf Steckmoos oder in Styropor stecken und mindestens 3 Stunden in den Kühlschrank stellen.

Koboldtaler

Zutaten für den Teig:
- 100 g feine Haferflocken
- 25 g Butter
- 300 g Mehl
- 2 Päckchen Vanillezucker
- 180 g Butter
- 140 g Zucker
- 1 Ei

Zutaten für die Füllung:
- 125 g gemahlene Mandeln
- 1 Eigelb
- 3 EL Speisestärke
- 70 g Zucker
- 150 g Butter
- ¼ Liter Milch

Zubereitung:
Haferflocken in 25 g Butter anrösten und dann mit den übrigen Zutaten für den Teig verrühren.

Den Teig zwischen 2 Stücken Folie ausrollen und mit einem Glas Taler ausstechen. Auf ein mit Backpapier ausgelegtes Backblech geben.

Im vorgeheizten Backofen bei 200 Grad ca. 10 Minuten backen, bis die Taler goldbraun sind. Die Backzeit kann je nach Ofentyp etwas variieren.

Abkühlen lassen.

Speisestärke und Eigelb in etwas Milch anrühren. Die restliche Milch mit Zucker aufkochen und die angerührte Speisestärke dazugeben, unter Rühren nochmals aufkochen lassen. Butter schaumig schlagen und die erkaltete Creme und die Mandeln unterrühren. Die Hälfte der Taler mit der Masse bestreichen und die übrigen Taler als Deckel mit einem Guss aus 200 g in heißem Wasser aufgelöstem Puderzucker verzieren. Nach Geschmack etwas Kakaopulver oder Zimt beimischen.

In der Zauberbackstube

Mein Weg führte mich gerade durch einen grünen Tannenwald, da stieg mir ein verführerischer Duft in die Nase.

Schnuppernd folgte ich der Spur und sah alsbald einen Wegweiser mit der Aufschrift ZAUBERWALD. Kinder, ich könnte schwören, dass der gestern noch nicht dort war! Neugierig bog ich also nach rechts ab – und da begann es zu schneien. Sanft fielen die Flocken zu Boden und das mitten im August. Bald war die Landschaft in ein liebliches Weiß getaucht. Vor mir aber stand plötzlich, wie aus dem Nichts aufgetaucht, ein kleines Holzhäuschen. Ich entzifferte die verschnörkelte Schrift auf dem Schild: Nepomucks und Finns Backstube.

Von hier kam also der Duft. Ich sah durch die halb geöffnete Tür in ein warmes Licht. Kleine Wesen wuselten geschäftig hin und her. Kobolde rührten eifrig in Schüsseln mit Teig, zogen Bleche mit duftendem Backwerk aus einem großen Ofen und schoben neue hinein. Unzählige Mäuse formten eifrig mit ihren geschickten Pfötchen kleine Rollen und Kugeln, wieder andere wogen sorgfältig die Zutaten ab.

Ein Kobold mit Bäckermütze auf dem dunklen Wuschelhaar kam auf mich zu und bot mir freundlich eins von den goldgelben Plätzchen an. Da konnte ich nicht widerstehen. Es schmeckte köstlich!

„Was ist denn da drin?", fragte ich. Der Kobold grinste verschmitzt: „Das sind ganz besondere Zutaten aus unserem Zauberwald."

Der Kobold wies auf eine der Tüten mit der Aufschrift Feenstaub.

Ich probierte vorsichtig. „Aber das schmeckt ja wie Zucker!"

Und das, was in der anderen Tüte war, schmeckte wie Mehl und sah auch so aus. „Ährengold", lächelte der kleine Kerl und zeigte dabei zwei spitze Zähne.

Bienengold entpuppte sich als Honig, Paradiespulver als Vanillezucker, Trollpuder als Backpulver, Koboldschnee als Sahne und Aromatische Zauberbrise als Zimt.

„Und was ist das dort?" Skeptisch betrachtete ich die gelbliche Flüssigkeit in der Flasche. Auf dem Etikett stand: Elfentränen.

„Wir benutzen es manchmal, wenn uns das Streichgold ausgeht", lautete die Antwort.

Ich kombinierte, dass es sich dabei um Öl und Butter handeln musste. Inzwischen hatten sich viele der kleinen Wesen um mich versammelt, und die Mäuse sahen vom sicheren Tisch aus interessiert zu uns herüber.

Ich lernte noch, dass Meeressilber Salz bezeichnete, Pixiegold Schokolade, Feentau Wasser und Drachenfeuer Chilipulver.

„Ihr tut doch aber kein Drachenfeuer in die Kekse?", erkundigte ich mich entsetzt und hustete.

„Nur wenn sie besonders pikant werden sollen", kicherte einer der kleinen Wichte.

Nun gut, inzwischen wusste ich, wie ich die geheimnisvollen Zutaten, die ich sicher außerhalb des Zauberwaldes nur schwer finden würde, ersetzen konnte. Mit einem herzlichen Dank an meine Gastgeber und einem Beutel voll Gebäck verließ ich die Zauberbackstube und machte mich auf den Heimweg. Dabei nahm ich mir fest vor, bald wieder einmal zu backen.

Schoko-Igel

Zutaten für den Teig:
- 100 g Butter oder Margarine
- 50 g Zucker
- 150 g Mehl

Zutaten für die Füllung:
- 1 Päckchen Puddingpulver (Vanille)
- 160 g Butter
- 3 TL Kakaopulver
- 1 Biskuitboden (kann man fertig kaufen)
- 3 Tropfen Mandelaroma

Für die Dekoration:
- 125 g gestiftete Mandeln
- 300 g Schokoglasur

Zubereitung:
Zutaten für den Teig verrühren. Den Teig in Folie wickeln und kaltstellen.

Aus Karton eine Schablone von 9 cm Länge in Form eines vorne spitzen Ovals (Igels) schneiden. Den Teig ½ cm dick ausrollen und mit Hilfe der Schablone igelförmige Plätzchen aus dem Teig schneiden. Die Plätzchen auf ein mit Backpapier ausgelegtes Backblech geben.

Im vorgeheizten Backofen auf der mittleren Stufe bei 200 Grad ca. 8 - 10 Minuten backen. Die Backzeit kann je nach Ofentyp etwas variieren.

Abkühlen lassen.

Den Pudding zubereiten und abkühlen lassen. Die Butter schaumig schlagen, dann Pudding, Mandelaroma und Kakaopulver unter die Butter rühren.

Den Biskuitboden in kleine Würfel schneiden und mit der Buttercreme vermischen. Die fertige Creme in Form von Igeln auf die Plätzchen setzen. 2 Stunden im Kühlschrank fest werden lassen, dann die Igel mit den Mandelstiften spicken. Ein paar Mandelstifte als Augen und Nasen aufheben.

Zum Schluss die Igel einzeln vorsichtig in die im Wasserbad geschmolzene Glasur tauchen und auf einem Kuchengitter auskühlen lassen. Je 2 Mandelstifte als Augen und einen als Nase vorsichtig in den Igelkopf drücken.

Erdbeermuffins

Zutaten für den Teig:
- 100 g gehackte Walnüsse
- 200 g Weizenmehl
- 100 g Zucker
- 2 gestrichene TL Backpulver
- 1 Päckchen Vanillinzucker
- 1 Päckchen geriebene Zitronenschale
- 150 g weiche Butter
- 2 Eier
- 125 ml Milch

Zutaten für den Belag:
- 500 g Erdbeeren
- 200 g kalte Schlagsahne
- 1 Päckchen Sahnesteif
- 1 EL Puderzucker
- Etwas Gebäckdeko und Zuckerschrift

Sonstiges:
Für die 12 er Muffinform 12 Papierbackförmchen

Zubereitung:
Papierbackförmchen in die Muffinform stellen. Mehl mit Backpulver in einer Rührschüssel mischen. Übrige Zutaten (außer Walnüsse) zu einem Teig verrühren. Dann die Nüsse unterheben. Den Teig gleichmäßig auf die Muffinform verteilen. Form auf dem Rost in den Backofen schieben. Untere Einschubhöhe.

Im vorgeheizten Backofen bei Ober-/Unterhitze 180 Grad, Heißluft: 160 Grad ca. 20 Minuten backen. Die Backzeit kann je nach Ofentyp etwas variieren.

Muffins mit den Förmchen aus der Muffinform lösen und auf einem Kuchenrost abkühlen lassen.

Die Erdbeeren waschen und 12 davon beiseitelegen. Die restlichen Erdbeeren in Scheiben schneiden und die Muffins damit belegen. Sahne mit Sahnesteif und Puderzucker steif schlagen. Gut einen Esslöffel davon in einen kleinen Gefrierbeutel füllen und verschließen. Restliche Sahne in einen Spritzbeutel mit Sterntülle (Ø 1,5 cm) füllen und in die Mitte der belegten Erdbeermuffins einen Tuff spritzen. Auf die obere Hälfte der restlichen Erdbeeren mit Zuckerschrift Gesichter malen und in die Sahnetuffs stecken. Eine kleine Ecke des Gefrierbeutels abschneiden und den Erdbeergesichtern Haare spritzen. Zum Schluss mit der Deko verzieren.

Honig-Muffins

Zutaten:
- 150 g Maismehl
- 150 g Weizenmehl
- 1 EL Backpulver
- 100 g Zucker
- 150 ml Milch
- 2 Eier
- 150 g Butter
- 75 g flüssiger Honig
- 50 g Orangeat
- 1 Prise Salz
- Muffinförmchen

Zubereitung:
Orangeat klein schneiden. Maismehl, Weizenmehl, Backpulver, Zucker und Salz mischen. Butter in einem Topf schmelzen lassen.

Milch, Eier und Honig vermischen. Dann die flüssige Butter unterheben. Die Mehlmischung zufügen und unterrühren, bis ein glatter Teig entstanden ist. Orangeat unterheben.

Teig in Muffinförmchen füllen.

Im vorgeheizten Backofen bei 200 Grad ca. 15 Minuten backen. Die Backzeit kann je nach Ofentyp etwas variieren.

Vor dem Verzehr richtig auskühlen lassen.

Erdbeer-Schnitten

Zutaten für den Teig:
- 250 g Butter
- 500 g Mehl
- 3 Eier
- 200 g Zucker
- 1 Päckchen Backpulver

Zutaten für den Belag:
- 250 g Quark
- 250 g Erdbeeren
- 3 EL flüssiger Honig
- 100 g Vanillezucker

Zubereitung:
Alle Zutaten für den Teig vermengen. Diesen gut durchkneten, ausrollen und auf ein mit Backpapier ausgelegtes Backblech streichen.

Im vorgeheizten Backofen bei 200 Grad ca. 10 - 15 Minuten backen. Die Backzeit kann je nach Ofentyp etwas variieren. Auskühlen lassen.

Erdbeeren waschen und in Stücke schneiden.

Quark mit Honig und Vanillezucker verrühren. Dann die Erdbeeren unterheben. Die Masse auf den Kuchenboden streichen und in Stücke schneiden.

Blaubeerpasteten

Zutaten:
- 350 g Mehl
- 200 g Butter
- 150 g Schmand
- 100 g Blaubeeren
- 3 EL Zucker
- 1 Eigelb
- etwas Milch

Zubereitung:

Mehl, Butter und Schmand zu einem geschmeidigen Teig verrühren. Den Teig in Frischhaltefolie wickeln und 1 Stunde im Kühlschrank ruhen lassen. Danach ausrollen und runde Kreise mit einem Durchmesser von etwa 10 cm ausstechen. Ergibt 8 Pasteten.

Blaubeeren waschen und mit etwas Zucker vermengen.

Auf die Teigkreise je einen Esslöffel der Blaubeer-Zuckermischung geben. Den Teig umklappen und gut festdrücken. Mit einem Messer kleine Schlitze in die Teigtaschen schneiden, damit die Luft entweichen kann.

Die Pasteten auf ein mit Backpapier ausgelegtes Backblech geben und mit einer Mischung aus Eigelb und Milch bepinseln.

Im vorgeheizten Backofen bei 175 Grad ca. 20 Minuten backen. Die Backzeit kann je nach Ofentyp etwas variieren.

Buchtipp

„Nepomuck und Finn

–

Mission Umweltschutz"

Leseprobe: Auch Gewässer sind betroffen

„Es ist ja nicht nur der Wald, auch die Meere sind verschmutzt. Fische und Schildkröten verfangen sich in Plastiktüten und sterben qualvoll. In den Mägen von Walfischen findet man kiloweise Plastikmüll, und die Strände sind mit Unrat übersät. Und neuerdings die gebrauchten Atemschutzmasken, die achtlos fort geworfen werden. Man sieht sie überall, auf den Straßen und Wegen, in den Büschen und im Sand, sogar im Wasser schwimmen sie", sagt Axana mit gerunzelter Stirn.

„Wir sollten die Kobolde und Wurzelzwerge mal an die See schicken", überlegt Max und lacht laut auf. „Ich stelle mir das gerade bildlich vor."

„In erster Linie sind wir Menschen für unsere Umwelt verantwortlich und sollten ganz schnell etwas tun, bevor es zu spät ist", erklärt Axana.

„Neulich habe ich im Fluss eine verrostete Tonne entdeckt", erzählt Max.

„Wer weiß, was da drin war. Farbe? Chemikalien? In manchen Ländern leiten Fabriken sogar noch immer ungehindert ihre giftigen Abwässer in die Flüsse. Diese münden im Meer und tragen den ganzen Unrat dorthin." Oma schaut besorgt in die Runde.

„Manchmal findet man auch ausgelaufenes Öl von Schiffen und Tankern in den Ozeanen", wirft Lilly ein. „Das ist für die Vögel ganz schlimm, da ihnen das Gefieder verklebt und sie nicht mehr fliegen können. Sie sterben qualvoll, ebenso wie die Fische. Das kam neulich in den Nachrichten."

„Ob wir Kinder das Abholzen der Wälder und Ölkatastrophen in den Meeren verhindern können, weiß ich nicht. Aber es ist ja schon mal ein Anfang, wenn wir unseren Müll nicht herumwerfen und ihn stattdessen richtig entsorgen", sagt Lilly nachdenklich. „Und wir können in der Schule vielleicht eine Aktion starten: Saubere Umwelt und Naturschutz", ruft Max begeistert.

„Es ist noch viel Aufklärung nötig. Bei manchen Menschen werdet ihr dabei leider auf taube Ohren stoßen", erwidert Oma.

„Dann schicken wir eben Nepomuck und seine Wurzelzwerge mal kurz vorbei", grinst Lilly. „Nepomuck?! Wo steckst du?"

„Ich weiß, wo er ist", lacht Axana und deutet auf ein rundes Hinterteil, das aus dem geöffneten Küchenschrank heraus ragt.

„Der Lümmel! Er hat doch tatsächlich die Keksdose gefunden, die ich dort versteckt habe", schimpft Oma und muss dann doch schmunzeln. Das ist eben Nepomuck!

Britta Kummer & Christine Erdiç

**Nepomuck und Finn:
Mission Umweltschutz**

Ein Kinderbuch in Deutsch und Englisch

Buchbeschreibung:
Dicke Luft, Müll im Wald und Gift im Wasser: Unsere Umwelt ist in Gefahr und damit leider auch unsere Gesundheit!
Kobold Nepomuck und Mäuserich Finn machen sich große Sorgen um die Natur. In ihren Geschichten erzählen sie Dir von ihren Erlebnissen in deutscher und englischer Sprache.
Die Verschmutzung von Wald, Gewässern und Luft geht uns alle etwas an. Niemand ist zu jung oder zu alt, und es ist höchste Zeit, endlich zu handeln.
Begleite die beiden Freunde auf ihrer wichtigen Mission, und hilf ihnen, aktiv etwas für unseren Planet Erde zu tun.
Natürlich gibt es zum Schluss als Bonbon wieder eine kleine Überraschung. Du darfst also schon mal gespannt sein! Doch vorerst viel Spaß beim Lesen!

Bad air, trash in the forest and poison in the water: our environment is in danger and unfortunately, with it so is our health!
Goblin Nepomuck and Mouse Finn are very worried about nature. In their stories they tell you about their experiences in German and English.
The pollution of forests, water and air concerns all of us. Nobody is too young or too old and it is high time to finally do something.

Accompany the two friends on their important mission and help them to actively do something for our planet Earth.
Of course as usual, there is a little "surprise candy" at the end.
So you can already be curious! But for now, have fun reading!

Produktinformation:
Taschenbuch: 88 Seiten
Verlag: Books on Demand (26. Oktober 2020)
ISBN-10: 3751997474
ISBN-13: 978-3751997478
Auch als E-Book erhältlich!

Buchtipp

„Neue Abenteuer mit Nepomuck und Finn"

Leseprobe: Mäuseolympiade

Wieder einmal regnet es, und die Mäusekinder nerven schon seit dem Frühstück, dass ihnen langweilig ist. Nun ist guter Rat teuer. Was soll man tun, damit sie Ruhe geben? Da hat Nepomuck die zündende Idee.

„Wir machen eine Olympiade. Das habe ich mit meinen Geschwistern auch schon gemacht."

„Was ist das?", will Luise wissen.

„Ein kleiner Wettstreit. Es gibt drei Disziplinen, die ihr bestehen müsst. Jeder gegen jeden."

„Ach nö, nicht schon wieder Sport", meckert Luis.

„Jetzt stell dich nicht so an, Bruderherz", kommentiert Fridolin. „Mach mit, dann wissen wir wenigsten schon, wer verliert. Schließlich verlierst du immer", gibt er zynisch von sich.

Diese Worte treffen Luis wie ein Schlag. Mit gesenktem Kopf geht er zu einer Kiste und versteckt sich dahinter.

„Das war gemein", kommentiert Lukas.

„Also - was ist jetzt mit der Olympiade? Habt ihr Lust?", versucht Nepomuck die Stimmung zu heben.

„Ja, klar. Aber was gibt es zu gewinnen?", will Willi wissen. „Wir brauchen doch einen Anreiz."

„Dem Gewinner schnitze ich etwas. Was sagt ihr?"

„Oh ja, super. Lasst uns anfangen", ruft Willi euphorisch.

Nepomuck schaut in die Richtung, wo Luis sich verkrochen hat. Kurzentschlossen geht er zu ihm.

„Hey Kleiner, komm, mach mit! Wenn du es nicht für deine Geschwister tust, dann für mich. Bitte", gibt er sich Mühe, ihn zu überreden. „Du bist kein Verlierer. Zeig es ihnen. Ich zähl auf dich."

„Na gut, ich mache mit."

„So, nun erkläre ich euch die erste Disziplin", verkündet Nepomuck. „Es ist Weizenkörnerweitwurf. Ihr stellt euch alle hier an die Linie. Jeder bekommt drei Körner und schmeißt diese nacheinander, so weit er kann. Wessen Korn am weitesten fliegt gewinnt."

Gesagt getan. Amanda beginnt und schleudert ihre Körner los. Nun ist Willi dran, aber er schafft es nicht, die Körner seiner Schwester zu übertreffen. Und nun Luis. Sein erstes Korn kommt nicht einmal in die Nähe der anderen. Das zweite ebenso nicht.

„Verlierer, Verlierer!", ruft Fridolin.

Luis schaut ihn bitterböse an.

„Los, Junge, du schaffst das!", hört man auf einmal Finn und Susi rufen. „Wir glauben an dich."

Diese Worte setzen ungeahnte Kräfte bei Luis frei. Er schleudert das Wurfgeschoss mit all seiner Kraft los, und es landet direkt neben dem von Amanda. Tosender Applaus ist zu hören. Fridolin, Luise, Emma und Lukas schaffen es nicht, diese Weite zu übertreffen, und somit stehen die ersten Gewinner fest.

Voller Stolz verkündet Nepomuck: „Es gibt zwei Sieger: Amanda und Luis! Einen großen Applaus bitte!" und schon wird geklatscht, was die Pfoten hergeben.

Nun kommt Wettstreit Nummer zwei: Weizenkörner auf einem Strohhalm balancieren. Die Mäuse müssen einen Strohhalm ins Maul nehmen. Auf die andere Seite wird ein Korn gelegt, und sie müssen dieses über eine gewisse Distanz balancieren. Wer es unterwegs verliert, scheidet aus.

„Auf die Plätze, fertig, los!", kommt das Startsignal. Fridolin, der seinen Bruder vorhin so geneckt hat, scheidet als erster aus. Wieder einmal ist er zu ungestüm und bezahlt dafür. Auf der Zielgeraden liefern sich Amanda und Emma ein Kopf an Kopf rennen. „Amanda, Amanda!", feuern ihre Eltern sie an. Ebenso hörte man von Felix und Lilly ein lautes: „Los, Emma, zeig es ihr!"

Das Ziel kommt immer näher und … um Haaresbreite schiebt sich Emma als erste über die Ziellinie. War das spannend! Völlig aus dem Häuschen hüpft sie hin und her.

„Gewonnen! Ich habe gewonnen!", juchzt sie. Nepomuck lässt sich von dieser Freude anstecken und führt ganz spontan ein kleines Tänzchen auf. Alle lachen herzhaft.

„Glückwunsch, ihr beiden. Und nun geht es um alles. Disziplin Nummer drei: Weizenkörner in eine Schale werfen. Schaut mal da hinten. Ich habe aus Reisig für jeden von euch ein Gefäß gebastelt. Und dahinein müsst ihr eure Körner werfen."

„Wann hast du die denn gemacht?", fragt Luis erstaunt. „Dafür war doch jetzt zu wenig Zeit."

„Ach, die habe ich die Tage schon gemacht. Einfach nur so aus Spaß. Du weißt doch, ich bastel gerne. Also, können wir anfangen?"

„Das ist doch viel zu leicht", gibt Lukas großspurig von sich.

„Das sehen wir gleich, mein Lieber. Ich habe vergessen zu sagen, dass euch die Augen verbunden werden. Und ihr ganz nach Gefühl werfen müsst. Na, immer noch zu einfach, lieber Lukas?"

Als Lukas das hört, wird er ganz kleinlaut.

Nachdem alle Kinder die Augen verbunden haben, geht ein munteres Werfen los. Die Körner fliegen kreuz und quer, und schon gibt es ein erstes Opfer.

„Aua, das war meine Nase!", ruft Lilly erbost.

„Autsch - und das war mein Ohr", schimpft Finn.

Nepomuck kann sich ein Lachen nicht verkneifen und KLATSCH, nun wird auch er getroffen. Mit einem lauten „STOPP" beendet der Kobold diese Disziplin. Nicht, dass doch noch jemand ernsthaft verletzt wird.

Beim Auswerten stellt sich heraus, dass Amanda erneut gewonnen hat. Dahinter folgen Lukas, Willi, Luis, Fridolin, Luise und Emma.

Voller Stolz verkündet Nepomuck den Gewinner. „Meine Damen und Herren, die Gewinnerin der Mäuseolympiade ist Amanda. Einen großen Applaus." Er schnappt sie sich und wirft sie ein kleines Stück in die Luft. Als Susi das sieht, schließt sie vor Schreck die Augen. Amanda jauchzt vor Freude.

Mit den Worten: „Kannst die Augen wieder aufmachen!", stupst Finn seine Frau an. Man sieht ihr die Erleichterung an, als sie feststellt, dass ihr Kind wieder wohlauf in Nepomucks Hand gelandet ist.

„Deinen Gewinn bekommst du bald. Ich mache mich gleich an die Arbeit", verspricht Nepomuck der glücklichen Gewinnerin.

„Und was schnitzt du mir?", will Amanda wissen.

„Lass dich überraschen."

Britta Kummer & Christine Erdiç

Neue Abenteuer mit
Nepomuck und Finn

Buchbeschreibung:

Kobold Nepomuck und Mäuserich Finn nehmen Dich auf spannende Abenteuer mit.

Sei gewiss, wo die zwei auftauchen, ist immer etwas los. Sie haben es nämlich faustdick hinter den Ohren und sind stets zu neuen Späßen aufgelegt. Freundschaft und gegenseitiges Vertrauen sind sehr wichtige Aspekte in dieser Geschichte. Denn, wer wünscht sich nicht einen Freund, auf den er sich voll und ganz verlassen kann?! Zusätzlich gibt es passende Ausmalbilder zum Text.

So kannst Du Deiner Kreativität freien Lauf lassen und das Buch nach Deinen Vorstellungen mitgestalten.

Natürlich warten am Ende auch noch ein paar tolle Überraschungen auf Dich!

Neugierig geworden?

Dann nichts wie los!

Produktinformation:
Taschenbuch: 112 Seiten
Verlag: Books on Demand (17. September 2019)
ISBN-10: 3749454280
ISBN-13: 978-3749454280
Auch als E-Book erhältlich!

Buchtipp
„Weihnachten mit Nepomuck und Finn"

Leseprobe: Weihnachten mit Nepomucks Familie

Pünktlich zu Weihnachten kommt Nepomuck zu Hause an. Da steht er nun und schaut andächtig auf die hübschen kleinen Häuschen in Ostereierform mit den schneebedeckten Dächern. Alle sind festlich geschmückt, sogar die bunten Filzstiefel für den Weihnachtsmann hängen schon an den kunstvoll geschnitzten Eingangstüren. „Ich wohne in so einem schönen Dorf. Ach, wie habe ich das alles vermisst", sagt er leise.

Doch dann hält ihn nichts mehr. Er will endlich zu seiner Familie. Ungeduldig stößt er die Tür auf und ruft: „So, da bin ich wieder!" Sofort strömt ihm ein herrlich süßlicher Duft in die Nase.

Mit einem freudigen: „Schön, dass du wieder da bist! Wir haben dich so vermisst!", wird er von der ganzen Schar in der Stube begrüßt. Zwölf Geschwister und die Eltern stürmen auf ihn zu, klatschen in die Hände und hüpfen von einem Fuß auf den anderen. „Jetzt können wir alle zusammen Weihnachten feiern! Ist das nicht schön?!", rufen die lustigen Kobolde im Chor.

Nachdem Nepomuck jeden einzeln begrüßt hat, meldet sich sein Magen zu Wort. Verschmitzt sagt er: „Da knurrt aber jemand vor Hunger. Wann gibt es denn endlich was zu essen?"

Nun ertönt lautes Lachen. „Ja, das ist unser Nepomuck! So kennen wir ihn!", schmunzelt seine Mutter. Und dann wird aufgetischt, was die Speisekammer hergibt. Es wird gegessen und getrunken, bis die Bäuche voll sind.

Anschließend geht es nach draußen. Auf dem Dorfplatz haben die Kobolde eine prächtige Tanne geschmückt. Überall glitzert und funkelt es und ist einfach wunderschön anzuschauen. Aus allen Häusern kommen kleine Gestalten gelaufen, fröhlich singend tanzen und springen sie um den Baum herum. Duftende Pasteten und köstliches Gebäck werden überall verteilt. Sogar Nepomuck kann schon wieder etwas essen. Ein Kobold hat eben immer Platz im Magen, sodass noch etwas hineinpasst! Irgendwann löst er sich aber aus der Menge, setzt sich etwas abseits auf einen Baumstumpf und macht ein trauriges Gesicht. Besorgt fragte sein Vater: „Was ist denn los? Bist du etwa krank? Oder hast du dich nur überfuttert?"

„Nein, ich bin okay. Ich habe gerade an meine Freunde gedacht. Ob es ihnen gut geht und sie auch so ein schönes Fest feiern?"

„Bestimmt", versucht sein Vater ihn zu trösten.

Nepomuck schaut ihn aus seinen schwarzen Augen an. Dann greift er auf einmal in seine Hosentasche und wirft etwas auf den Boden. Erschrocken weichen die Kobolde zurück.

„Eine Maus, eine Maus!", grölt seine kleine Schwester Nelly. „Ja, wo kommt die denn auf einmal her?", ruft sie aufgeregt und macht einen kleinen Hüpfer zur Seite. Nepomuck hält sich den Bauch vor Lachen, als er das sieht. Im Nu ist seine trübe Stimmung wieder verschwunden.

„Das ist doch nur eine Spielzeugmaus, die man aufziehen kann, damit sie sich bewegt", prustet er los.

„Musst du uns so erschrecken, Junge?!", schimpft die Mutter. Aber der Koboldjunge schaut sie nur grinsend an und sagt: „Ich wollte euch doch nur zeigen, wer meine neuen Freunde sind und mit wem ich die letzte Zeit verbracht habe."

„Du hast deine Zeit bei Mäusen verbracht? Das musst du uns aber mal genau erzählen."

Bei Einbruch der Dunkelheit gehen alle zurück in ihre Häuser. Nepomucks Familie setzt sich in einen Kreis auf den Boden, und der Koboldjunge beginnt zu erzählen: „Also, das war so: Ich habe bei einer Wanderung Rast in einer Scheune gemacht, da lernte ich Finn und seine Frau Susi mit den Kindern Willi, Amanda, Luis und Fridolin und seinen allerbesten Freund Felix mit seiner Frau Lilly und ihrem Nachwuchs Luise, Emma und Lukas kennen. Die haben mich sofort bei sich aufgenommen. Ich sage euch, das ist eine lustige Bande! Vor allem der kleine Luis ist mir besonders ans Herz gewachsen. Wir haben so viel erlebt. Und zwei Feldhamster mit dem Namen Trixi und Toni und den Kater Merlin habe ich auch noch kennengelernt. Ach, ja - und nicht zu vergessen die Schleiereule Eulalie. Ihr werdet es nicht glauben. Eine Tante von ihr lebt hier in Norwegen, und die kennt mich und Nelly ganz genau."

„Das gibt es ja gar nicht", antwortet der Vater erstaunt.

Plötzlich kramt Nepmuck in seiner Tasche. „Schaut mal, ich habe euch etwas mitgebracht! Schließlich ist Weihnachten! Da beschenkt man seine Liebsten doch. Das habe ich auf dem Weg hierher angefertigt." Und schon überreicht er jedem ein kleines in Papier eingepacktes Geschenk. „Es ist nicht viel, aber ich hoffe, es gefällt euch."

Schnell packen sie ihre Päckchen aus. Zum Vorschein kommen kleine geschnitzte Mäuse. „Jede sieht anders aus und hat ihren ganz eigenen Charme", sagt der Koboldjunge nachdenklich.

Vor lauter Freude gibt es nun kein Halten mehr. Fröhliches Gelächter erschallt, und Nepomuck wird jubelnd umkreist und in die Luft geworfen.

„Frohe Weihnachten Nepomuck! Aber das schönste Geschenk ist doch, dass du wieder gesund und munter bei uns bist", sagt seine Mutter leise und drückt ihn fest an sich.

Als alle schlafen, schleicht Nepomuck aus dem Haus und schaut in den Sternenhimmel. Schön ist es, wieder hier zu sein! Weihnachten mit der Familie - etwas Besseres gibt es nicht! Aber ihm juckten schon die Füße. „Hoffentlich hört es bald auf zu schneien", murmelt er leise. „Ich möchte doch gerne los, neue Abenteuer erleben, neue Freunde kennenlernen und vor allem alte lieb gewonnene wiedersehen."

Buchbeschreibung:
Kobold Nepomuck und Mäuserich Finn möchten Dir das Warten auf Weihnachten verkürzen.
Deshalb haben sie extra Geschichten und Reime geschrieben.
Natürlich gibt es auch Rezepte für Kekse und Plätzchen, denn was wäre die Weihnachtszeit ohne köstliche Leckereien.
Und wer die zwei kennt, weiß, dass sie auch noch die eine oder andere Überraschung für Dich parat haben.

Produktinformation:
Taschenbuch: 84 Seiten
Verlag: Books on Demand (9. Oktober 2019)
Sprache: Deutsch
ISBN-10: 3744890147
ISBN-13: 978-3744890144
Auch als E-Book erhältlich!

Buchtipp

„Ostern mit Nepomuck und Finn"

Leseprobe: Rache ist süß

Vor der Scheune ruft Finn alle zu sich. „Was im Haus neben dem Färben der Eier passiert ist, bleibt unter uns. Die Frauen müssen nicht alles wissen. Sonst lassen sie uns nie wieder fort. Ist das klar?"

„Und wie klar das ist", antwortet Nepomuck. „Können wir uns auf euch verlassen, Kinder?"

„Aber sicher."

„Also dann wollen wir mal!"

„Da sind wir wieder!", ruft Finn freudestrahlend.

Susi und Lilly kommen sofort angelaufen. „Hat alles geklappt?", wollen sie wissen.

„Na sicher. Es waren doch Profis am Werk."

„Ihr seht aber sehr müde aus. Ich denke. ein Nickerchen tut euch allen gut." Das lassen sie sich nicht zweimal sagen. Nepomuck verstaut die Eier nur noch in einer Holzkiste, die er draußen gefunden hat, und dann fallen auch ihm die Augen zu.

Bis zum Nachmittag bleibt es mucksmäuschenstill in der Scheune. Man hört nur hier und da ein leises Schnarchen.

Luis ist der Erste, der wach wird. Er zieht Nepomuck am Ohr. „Aufstehen. Wir müssen die Eier doch noch fertig machen."

„Wie - fertig machen?", fragt der Kobold schläfrig.

„Du hast doch gesagt, wir malen noch etwas drauf."

„Ja, stimmt. Dann weck mal die anderen."

„Aufstehen!", brüllt er durch die Scheune. „Die Eier warten!" Das Geschrei verfehlt seine Wirkung nicht. Nach und nach kommen alle schlaftrunken an.

„Wie, die Eier warten?", will Amanda wissen. „Was meinst du?"

„Habt ihr es denn vergessen? Nepomuck hat doch gesagt, wir dürfen auf die Eier noch Motive pinseln."

„Stimmt ja, aber womit?" Fragend schaut sie den Kobold an.

„Ich habe im Haus des Bauern Wasserfarbe und Pinsel gefunden. Die habe ich mir ausgeliehen."

„Ausgeliehen", empört sich Susi. „Das ist Stehlen."

„Nein. Ich bringe sie ja wieder zurück. Das fällt überhaupt nicht auf."

„Dürfen wir dann jetzt malen?"

„Also gut. Setzt euch mal alle da hinten hin. Dann bringe ich euch die Eier und Farbe."

Voller Erwartung schauen die Mäusekinder ihren Freund an.

„So, hier sind ein paar Töpfchen mit Wasser. Da die Pinsel für euch zu groß waren, habe ich die Haare herausgezogen und an kleinen Ästen befestigt. Damit müsste es gehen. Nun müsst ihr sie nur noch ins Wasser tunken, dann in die Farbe und lospinseln. Ich gehe mal zu euren Eltern. Viel Spaß!"

Und schon legen die Kinder los. Sie sind nicht zu bremsen, schnell sind Sterne, Blumen und Punkte auf die Eier gezeichnet.

„Mein Ei sieht aber viel schöner aus als deins", neckt Lukas seine Schwester Luise.

„Stimmt ja gar nicht!" Und noch bevor er weiß, was geschieht, bespritzt sie ihn mit Wasser.

Das lässt er sich natürlich nicht gefallen und macht auch sie nass. Und schon ist eine wilde Wasserschlacht im Gang, denn auch die anderen Kinder lassen es sich nicht nehmen, mit Wasser herumzuspritzen.

Bei dem ganzen Durcheinander merkt keiner, dass Willi und Fridolin sich entfernen. Als sie zurück kommen, haben beide Strohhalme bei sich.

Luise fällt es als erste auf, und sie fragt interessiert nach, was sie damit vorhaben.

„Das ist eine Überraschung für Luis", verkünden sie.

„Eine Überraschung für mich? Das ist aber toll! Was ist es denn?"

„Das verraten wir dir, wenn du zu uns kommst. Wir wollen es nicht so laut sagen, damit es die anderen nicht mitbekommen."

Etwas skeptisch schaut Luis die Zwei an, aber dann siegt die Neugierde. Und ehe er sich versieht, wird er überwältigt und gefesselt. Und damit er nicht schreien kann, bindet Willi ihm auch noch vorsichtig das Schnäuzchen zu.

Luis begreift gar nicht, was los ist. Dann verkündet Fridolin laut: „Leute, hier haben wir ein besonders schönes Ei! Das müssen wir auch noch bemalen!"

Diese Einladung lassen sich die anderen Kinder natürlich nicht entgehen. Und schon machen sich auf Luis Fell rote, blaue und grüne Tupfer breit. In diesem Moment taucht Nepomuck mit Finn im Schlepptau auf. „Was macht ihr denn da?", will er wissen.

Alle zucken zusammen. „Ja – ähm, also wir dachten, Luis sieht mit Farbe besser aus. Du musst zugeben, das Bunte unterstreicht sein Aussehen noch mehr", feixt Willi.

Und noch bevor der Mäusejunge sich versieht, greift Nepomuck ihn und drückt ihn mit dem Popo in die lila Farbe. „Na, wie gefällt dir das? Also ich finde, Lila steht dir außerordentlich gut." Ein schallendes Gelächter ist zu hören.

In der Zwischenzeit hat Finn seinen Sohn befreit und schaut Willi böse an.

Reumütig sagt der: „Tut mir leid, Luis. Ich konnte einfach nicht anders. Die Verlockung war zu groß. Bitte nicht böse sein." Er hat noch nicht ganz ausgesprochen, da fliegt ein Wasserbecher auf ihn zu. Bevor Willi sich versieht, ist er platschnass.

Luis hält sich den Bauch vor Lachen. „Ja, lieber Bruder, ich konnte auch nicht anders! Hab dich aber trotzdem lieb!"

Überrascht schaut Willi ihn an und stimmt dann in das Lachen ein.

Finn schaut seine Söhne belustigt an. „Na, das wird bestimmt ein besonders buntes Osterfest. Wenn es jetzt schon so farbenfroh ist!"

Buchbeschreibung:
Hast Du Lust, das Osterfest mit Nepomuck und Finn zu feiern?
Der Kobold macht sich auf den Weg, um seine Mäusefreunde zu besuchen. Natürlich geht es dabei turbulent zu, und alle Nepomuck-Finn-Fans kommen wieder voll auf ihre Kosten!
Neben einer spannenden Geschichte warten diesmal unter anderem tolle Basteltipps auf Dich!

Produktinformation:
Taschenbuch: 88 Seiten
Verlag: Books on Demand (30. Januar 2020)
Sprache: Deutsch
ISBN-10: 375040772X
ISBN-13: 978-3750407725
Auch als E-Book erhältlich!

Nepomuck und Finn haben auch eine Seite bei Facebook.

Dort stellen sie ihren menschlichen Freunden interessante Bücher und Seiten vor.

Ebenso berichten sie natürlich von sich, denn ihre Menschenfreunde liegen ihnen sehr am Herzen.

Ein Besuch lohnt sich.

https://www.facebook.com/pg/Neues-von-Nepomuck-und-Finn-114170493329312/posts/?ref=page_internal

Habt Ihr Fragen an Nepomuck und Finn, wendet Euch bitte an:

nepomuckundfinn@t-online.de

Oder besucht ihre Webseite

https://nepomuck-und-finn.jimdosite.com/

Autorenprofil Britta Kummer

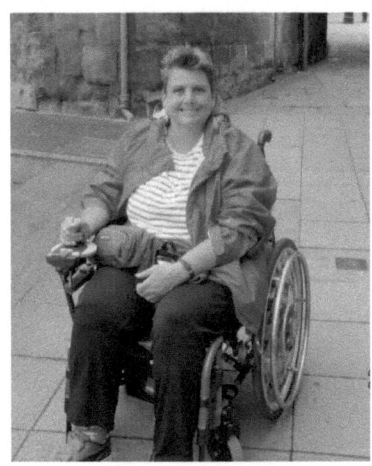

Britta Kummer wurde 1970 in Hagen (NRW) geboren. Heute lebt sie im schönen Ennepetal und ist gelernte Versicherungskauffrau.

Die Freude am Schreiben hat sie im Jahre 2007 entdeckt und seit dieser Zeit bestimmt es ihr Leben. Es macht ihr einfach großen Spaß, sich auf diese Art und Weise auszudrücken.

Erst wurden ihre Werke im Bekanntenkreis herumgereicht und die Resonanz darauf war sehr positiv.

Es dauerte nicht lange und schon hielt sie ihr 1. Buch "Willkommen zu Hause, Amy" in Händen. Dieses Buch wurde im Januar 2016 mit dem Daisy Book Award ausgezeichnet. Der Kärntner Lesekreis "Lesefuchs" vergibt in unregelmäßigen Abständen diese Auszeichnung für gute Kinder- und Jugendliteratur.

Bücher der Autorin:

Nepomuck und Finn: Mission Umweltschutz, ISBN: 978-3-7519-9747-8

Ostern mit Nepomuck und Finn, ISBN: 978-3-7504-0772-5

Weihnachten mit Nepomuck und Finn, ISBN: 978-3-7448-9014-4

Neue Abenteuer mit Nepomuck und Finn, ISBN: 978-3-7494-5428-0

Pferde erzählen, ISBN: 978-3-9611-1618-8

Zac und der geheime Auftrag, ISBN: 978-3-9611-1668-3

Willkommen zu Hause, Amy, 978-3-9611-1705-5

Die Abenteuer des kleinen Finn - eine spannende Mäusegeschichte für die ganze Familie, ISBN: 978-3-7534-9967-3

Kummers Kindergeschichten, ISBN: 978-3-7386-0100-8

Kummers Kindergeschichten 2, ISBN: 978-3-7392-3824-1

Kleine Mutmachgeschichten, ISBN: 978-3-9030-5644-2

Gedankenkarussell – Eine literarische Reise, ISBN: 978-3-7392-4553-9

Mein Leben mit MS, ISBN: 978-3-9030-5642-8

Mein Leben mit MS 2, ISBN: 978-3-9654-4078-4

Weihnachtsgeschichten … und noch mehr, ISBN: 978-3-7386-4553-8

Gut geschmiert in den Tag: Brittas und Edes Marmeladengenuss, ISBN: 978-3-7481-2597-6

Das Marmeladenbüchlein, ISBN: 978-3-9611-1212-8

Vegetarisches Grillvergnügen – so einfach geht's, ISBN: 978-3-7526-8395-0

Köstlich vegetarisch - Meine Lieblingsgerichte ISBN: 978-3-7519-9382-1

Vegetarisch für die ganze Familie, ISBN: 978-3-7448-9344-2

Kummers Suppentöpfchen, ISBN: 978-3-7386-1124-3

Kummers Ofengerichte, ISBN: 978-3-7431-4125-4

Kummers Schlemmerkochbuch - das etwas andere Kochbuch!, ISBN: 978-3-7534-4391-1

Vegetarische Weltreise, ISBN: 978-3-7528-3915-9

Vegetarischer Genuss - Quer Beet, ISBN: 978-3-7481-6766-2

Vegetarisch für Jedermann [Kindle Edition], ASIN: B079YGP512

Guten Appetit [Kindle Edition], ASIN: B07B8BR3R2

BE VEGGIE [Kindle Edition], ASIN: B07M7C3RJC

LIES MICH ! - Leseproben aus tollen Kinderbüchern [Kindle Edition], ASIN: B096YZ5VDN

Mehr Infos unter:
http://brittasbuecher.jimdofree.com/

Autorenprofil Christine Erdiç

Christine Erdiç wurde 1961 in Deutschland geboren. Sie interessierte sich von frühester Kindheit an für Literatur und Malerei. Schon damals verfasste sie oft kleine Geschichten und Gedichte, die sie jedoch nie veröffentlichte.

Nach dem Abitur war sie in unterschiedlichen Bereichen tätig und reiste viel. Seit 1986 ist sie verheiratet, hat zwei Töchter und lebt seit dem Millennium in der Türkei.

Unter anderem gab sie Sprachtraining an der Universität von Izmir, machte Übersetzungen und verfasste Berichte für die Türkische Allgemeine, eine ehemalige Zeitschrift in deutscher Sprache, und gibt private Deutschstunden.

Bücher der Autorin:

Nepomuck und Finn: Mission Umweltschutz, ISBN: 978-3-7519-9747-8

Ostern mit Nepomuck und Finn, ISBN: 978-3-7504-0772-5

Weihnachten mit Nepomuck und Finn, ISBN: 978-3-7448-9014-4

Neue Abenteuer mit Nepomuck und Finn, ISBN: 978-3-7494-5428-0

Nutze dein Potenzial, ISBN: 978-3-7543-7328-6

Unheimliche Geschichten, 978-1-0933-3833-1

Endstation Anatolien, ISBN: 978-3-7528-9711-1

Nepomucks Märchen, ISBN: 978-3-7460-1926-0

Mit Nepomuck auf Weltreise, ISBN: 978-3-9611-1276-0

Geschichten aus dem Reich der Hexen, Elfen und Kobolde,
ISBN: 978-3-7357-9072-9

Nepomucks Abenteuer, ISBN: 978-3-9030-5618-3

Zauberhafte Gerichte aus der Koboldküche, ISBN: 978-3-7357-9215-0

Kleine Mutmachgeschichten, ISBN: 978-3-9030-5644-2

Mystica Venezia, ISBN: 978-3-9030-5670-1

Luhg Holiday, ISBN: 978-3-7431-5262-5

Glücksschmiede: Tipps für mehr Glück und Erfolg [Kindle Edition],
ASIN: B00P9XA8UU

Willkommen im Luhg Holiday [Kindle Edition], ASIN: B00SVGYD12

Auf Wiedersehen im Luhg Holiday [Kindle Edition], ASIN: B01N1PU8DP

Mehr Infos unter:

Bücher- und Koboldecke

https://christineerdic.jimdofree.com/

Reisetipps und Literatur

https://literatur-reisetipps.blogspot.com/

Danke

Ein besonderer Dank gilt unserer lieben Autorenfreundin Heidi Dahlsen, die uns stets mit Rat und Tat zur Seite steht.

Bücher der Autorin:
Sinfonie der Herzen, ISBN: 978-1-9832-6824-3
Seelenqual mit HappyEnd: Mein KAMPF gegen KREBS!!!, ISBN: 978-3-7467-0584-2
ElfenZauberei, ISBN: 978-3-7467-0437-1
Lebt wohl, Familienmonster, ISBN: 978-3-7467-0585-9
Gefühlslooping, ISBN: 978-3-7467-064-67
Alles wird gut … , ISBN: 978-3-7467-0754-9
Ein Hauch Zufriedenheit, ISBN: 978-3-7467-0729-7
Hoffnungsschimmer, ISBN: 978-3-7467-0951-2
Kampfansage, ISBN: 978-3-7467-0435-7
Kleine Mutmachgeschichten, ISBN: 978-3-9030-5644-2
Borderline: Der Tod spielt mit uns Katz und Maus,
ISBN: 978-3-7427-9670-7
Harmonie zur Weihnachtszeit, ISBN: 978-1-7239-6156-4
Alles wird gut ... (Gesamtausgabe Band 1 bis 4)
[Kindle Edition], ASIN: B01A9PUB9K

Mehr Infos über Heidi Dahlsen gibt es auf ihrer Webseite. Ein Besuch lohnt sich.

https://autorin-heidi-dahlsen.jimdofree.com/

Nepomuck und Finn wünschen viel Spaß
beim Nachbacken und Guten Appetit!